NOTICE

SUR

M. URVOY DE SAINT-BEDAN.

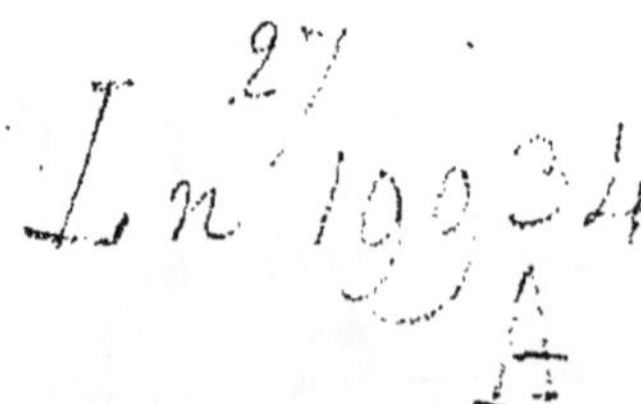

NOTICE

SUR

M. URVOY DE SAINT-BEDAN

PAR

M. l'Abbé FOURNIER,

LUE A LA SOCIÉTÉ ACADÉMIQUE DE LA LOIRE-INFÉRIEURE,
SÉANCE DU 1er DÉCEMBRE 1858.

NANTES,

And GUÉRAUD ET Cie, IMPRIMERIE-LIBRAIRIE
DU PASSAGE BOUCHAUD.

1859.

NOTICE

SUR

M. URVOY DE SAINT-BEDAN

(JACQUES – OLLIVIER – MARIE).

MESSIEURS,

La société n'est pas assez riche, assez forte en bons exemples, pour qu'on laisse tomber en oubli le souvenir d'un homme de bien. Car la société vit d'exemples. Mauvais et dangereux, ils entraînent et produisent ces courants funestes qui font les mauvaises mœurs, et par une pente rapide conduisent aux abîmes. Bons et utiles, ils enseignent : ils sont une exhortation ou un reproche ; ils donnent une heureuse impulsion. Une vie de bons exemples, d'actions utiles, fût-elle simple et ignorée, est une force vive dans la société. Foyer de lumière et de chaleur, elle rayonne plus ou moins. Mais élevée par la position, agrandie par l'influence, perpétuée par les œuvres, c'est une puissance de vitalité et de salut.

Et pourtant ces mémoires s'effacent, leur trace disparaît. Le dirai-je ? les cœurs se font bientôt insensibles. Là même où persévèrent les bienfaits, où les grandes œuvres, comme des sources publiques, versent leurs trésors sur les générations qui se succèdent, celles-ci s'accoutument à jouir et oublient, comme on oublie, hélas! les biens que la nature verse sur nous avec une infatigable constance.

Or, il est de notre devoir de prévenir et d'empêcher de telles ingratitudes. Les grandes vertus, les belles vies doivent trouver place dans les annales locales. Les hommes de bien sont les nobles et pures illustrations d'une cité, et notre Académie, Messieurs, a mission pour relever et inscrire de tels souvenirs. Nous sommes à l'avant-garde de la société, pour l'éclairer sur tout ce qui la touche; et si nous prenons justement souci de ses intérêts et de ses progrès matériels, il est également de notre devoir de la soutenir et de la guider dans la voie du progrès moral.

J'ajoute que, plus qu'aucun de vos membres, je devais sentir cette obligation, moi qui eus l'honneur et le bonheur bien apprécié de cultiver l'amitié de l'homme dont je veux vous entretenir, de pénétrer assez avant dans son cœur pour en connaître les sentiments intimes; et c'est ce qui vous explique pourquoi, plutôt qu'un autre, je prends aujourd'hui la parole.

M. Jacques-Ollivier-Marie Urvoy de Saint-Bedan naquit à Nantes, paroisse Saint-Denis, le 1er mars 1780. Il eut pour père messire Charles-Annibal-Marin Urvoy de Saint-Bedan, et pour mère Mme Adélaïde-Catherine-Françoise Boux. Il fut transporté fort jeune à Casson, chez son grand-père, et c'est sans doute à ces premières impressions, et peut-être — car qui peut expliquer les prédispositions innées des âmes?— à l'extrême attachement de sa famille maternelle à cette terre de Casson, qu'il dut ce goût, cette passion, qu'il conserva toute sa vie pour ce coin de terre et pour cette population que sa rudesse sauvage et son extrême indolence rendaient peu digne de telles sympathies.

Son grand-père maternel, M. Boux, se plaisait à résider dans cette paroisse, dont il était le seigneur. Il venait d'achever la construction d'une splendide demeure, et il y vivait avec la grandeur que comportait son immense fortune. Le pays se sentait d'autant plus de sa présence, que c'était un homme de bien. Il était membre du Parlement, mais non d'une famille très-ancienne. Les charges municipales l'avaient anobli (1648). Mais il possédait la vraie noblesse du cœur, la générosité et l'élévation des sentiments, et ces sentiments, il les avait transmis à ses enfants. Sa nombreuse famille se composait de six filles qui, au dire de la tradition des anciens et des proches, étaient toutes des saintes. Elles visitaient les pauvres, soignaient les malades, pansaient leurs plaies même dégoûtantes. Trois seulement se marièrent, dont une, Adélaïde-Catherine, fut la mère de M. Urvoy.

Quant à son père, il était d'une des plus anciennes familles de Bretagne : il habitait la terre de Saint-Bedan, près Saint-Brieuc. Son nom se trouve en première ligne dans la salle des Croisades, et il est incontestable que cette vieille maison fournissait, dès ce temps reculé, de nobles hommes d'armes.

Personne ne tira jamais moins vanité de sa noblesse que M. Urvoy, objet de cette notice. C'était l'homme simple par excellence, et cette simplicité avait chez lui un véritable caractère de grandeur. Mais autant il est ridicule d'affecter une illustration qu'on n'a pas, autant il serait inconvenant de la répudier quand on la possède, et de ne pas y attacher le prix qu'elle comporte. Toute noblesse vraie suppose des services rendus et rappelle un passé glorieux. Or, illustrations récentes ou anciennes, quand elles sont fondées, elles inspirent le respect. Qu'on le veuille ou non, il y a transmission du sang et des titres. A chacun ses œuvres, il est vrai; mais à chacun encore le passé bon ou mauvais, glorieux ou *ignoble* de sa famille. La famille n'est pas une pure fiction, mais une réalité. La *Gens* des anciens, qui vient de *genus,* race ou origine, subsiste. C'est un arbre qui s'étend, un tout moral qui se continue, et cette vérité, principe éminemment fécond, source de grandes vertus et de légitimes respects, est le mot qui explique cette considération universelle qui s'attache à un grand nom.

Dernièrement, aux confins de notre département, je vis une jeune femme qui lavait à la fontaine de la ferme le linge de la famille. On me dit que cette femme était la petite-fille de Cathelineau, ce voiturier devenu généralissime de l'armée vendéenne et surnommé le Saint de l'Anjou; je fus saisi de respect, et je ne pus m'empêcher de le témoigner. Elle eût été la petite-fille d'un maréchal de l'Empire, ou le rejeton d'une vieille race, j'aurais éprouvé et témoigné les mêmes sentiments. C'est que ces sentiments sont fondés, ils sont dans la nature et la vérité.

Le père d'Ollivier Urvoy eut deux fils. Celui qui nous occupe était le cadet, et fut de bonne heure destiné à la marine, où les cadets de noblesse trouvaient, comme on sait, avant la Révolution, une entrée facile et une brillante carrière.

Mais ces projets demeurèrent sans résultat. Bientôt la révolution éclate. M. Urvoy père prend le parti d'émigrer : il est enveloppé dans la proscription. Ses biens sont saisis et vendus révolutionnairement. Madame Urvoy se retire à Casson avec ses deux enfants, près de son père, M. Boux, qui vivait encore. Bientôt la persécution poursuit en eux le double crime de l'origine et de la fortune. Cette famille était trop marquante et trop haut placée pour n'être pas inquiétée. A la vérité, M. Boux n'avait pas émigré ; l'amour et la reconnaissance de la population le protégeaient. Mais la menace était constamment suspendue sur leurs têtes. N'avait-on pas d'ailleurs l'arme toujours prête de la loi des suspects? Ils s'étaient, du reste, retirés à Nantes, dans leur grand et bel hôtel de Rosmadec, pour échapper aux vexations, l'habitation dans les châteaux étant devenue impossible. Un jour, l'ordre arrive de la Commune de Nantes de se saisir des divers membres de cette famille. C'était en 1793. Les intentions étaient mauvaises, car, pour les conduire devant leurs juges, on avait amené la fatale *charrette*. A cette nouvelle et à cette vue, l'alarme et la terreur furent extrêmes. Mais un spectacle touchant vint désarmer presque de force les émissaires. En pénétrant dans le magnifique hôtel, ils le voient transformé en ambulance; les vastes salles de cette princière demeure étaient remplies de malades. Pour comble de surprise, ils y reconnurent les leurs. C'étaient des *bleus* en plus grand nombre, de vaillants soldats, de ces braves Nantais blessés à l'attaque de Nantes et au combat de Nort, qui recevaient ces soins. Lorsque ces commissaires firent connaître leur mandat : « Non, s'écrièrent les blessés, non, vous n'emmènerez pas loin de nous et peut-être à la mort cette brave famille, ces femmes qui nous ont sauvé la vie. Nous nous lèverons plutôt pour les défendre. » La reconnaissance les arracha à l'échafaud. Néanmoins, il fallait une satisfaction à l'opinion. Un arrêté émané de je ne sais quel pouvoir les exila à Bourges, où ils passèrent plusieurs années. Le petit Urvoy et sa mère furent du nombre, et souvent il racontait depuis comment, tout jeune, il allait acheter au marché les moyens d'existence pour sa famille, qui craignait de paraître.

Toutes les natures ne résistent pas à de pareils chocs. Madame Urvoy succomba, semblant appeler après elle son fils aîné, qui, en la suivant dans la tombe, échappa à ces temps funestes. Ollivier, pauvre enfant, ballotté par la tempête, qui de ce monde ne connaissait encore que le malheur et sa famille, s'attacha à celle-ci de toutes les forces de son cœur. A dix-sept ans il offre à sa cousine, une autre demoiselle Boux, de partager les tristes chances de cette vie incertaine. Il l'épouse (24 frimaire an VI, 14 décembre 1797). Mais il n'en était encore qu'au rude apprentissage de la vie et du malheur. Ce rêve de jeunesse et d'amour ne dura que deux ans. A dix-neuf ans, il restait veuf et père de deux enfants.

Qu'annonçaient de telles prémisses? Une âme heureusement douée, trempée par de telles épreuves, si elle ne se brise, doit se relever bien forte.

Son grand-père, le brave et vertueux M. Boux, et ses filles, ces douces bienfaitrices du hameau, meurent presque dans le même temps. Par ces fatales causes, la terre et le château de Casson deviennent le patrimoine de M. Urvoy: et là commence pour lui une vie nouvelle. Il avait la fortune, assez du moins pour qu'elle devînt en des mains habiles l'instrument d'une fortune plus grande. Mais qu'avait été son éducation? Au milieu de ces agitations et de ces bouleversements continuels, assez occupé du soin de se garantir et d'échapper au malheur des temps, ses parents l'avaient, pour ainsi dire, abandonné à lui-même. Les moyens d'instruction, qui maintenant abondent, étaient nuls alors ou dangereux. En dehors des enseignements oraux et traditionnels que donne la famille, et qui forment, il est vrai, le fonds le plus riche et la véritable éducation du cœur, Ollivier n'avait rien appris. Et ce fut, comme il le racontait souvent, à cette époque qu'il s'aperçut qu'en effet il ne savait rien.

Mais il était dans la destinée de cet homme de tout puiser dans son propre fonds et de trouver en lui-même toutes ses ressources. Sans maître et sans guide, il se livre avec ardeur à l'étude, il consacre à la lecture les jours et les nuits; cet esprit vif et curieux saisit avec une insatiable avidité tout ce qui se présente à sa portée. Dangereuse éducation, s'il n'eût été doué d'un jugement sûr, et qui, malgré ses hautes qualités, malgré sa réflexion précoce, ne fut pas pour lui sans dangers, comme il le reconnaissait plus tard. Néanmoins, ses facultés se développèrent d'une façon remarquable, et il acquit dans les lettres et dans les arts, en science et en histoire, ces connaissances variées et sérieuses qui lui permirent de tenir un rang distingué au sein de nos assemblées législatives et de haute administration, et d'y rendre toujours de grands services, dont les esprits ordinaires sont incapables. Sa conversation se ressentait de ses lectures; les poètes, surtout nos tragiques, lui étaient familiers. Il avait le don de les lire avec un grand charme et un naturel parfait. Les écrits philosophiques avaient laissé dans cette intelligence des traces profondes, et c'était dans ces lectures sans doute qu'il avait puisé cette habitude de généralisation qu'il portait même dans les sujets ordinaires, qu'il agrandissait presque toujours dans la conversation en élargissant l'horizon où la simple question semblait circonscrite.

Son esprit n'était pas dépourvu d'originalité. Il s'arrêtait rarement au côté vulgaire des choses; il les voyait à sa manière, et souvent il y mêlait une teinte de sentiment qui y donnait un nouvel attrait. Il causait avec goût, et avec cette convenance et cette distinction qu'on a ou qu'on n'a pas, mais qu'on ne saurait se donner.

Il n'était cependant pas tellement occupé de la science et des livres, qu'il négligeât ses intérêts et ses affaires. C'était, au contraire, l'un des beaux côtés de M. Urvoy, de porter dans l'habitude de la vie et dans le maniement des affaires une grande intelligence et une prudence habile. C'était, comme on dit de nos jours, un homme essentiellement pratique.

Lorsqu'il revint à Casson, et qu'il en devint, comme nous l'avons rapporté, le propriétaire, tout était en désarroi, les terres depuis longtemps sans culture, les fermiers pauvres, misérables et paresseux. De vastes landes couvraient une grande partie du sol, et les biens dont il héritait étaient en fort mauvais état. Il entreprit de reconstituer sa fortune et de reconquérir la large existence qu'y avaient possédée ses aïeux.

Mais son ambition fut bien plus noble encore : il voulut associer à ce projet la commune entière où l'avait posé la Providence, et de ce moment il s'unit à elle d'intérêts comme d'affection; il se dévoua d'un dévouement qui ne s'est pas démenti pendant soixante ans. Il n'était plus le seigneur de Casson : ce titre féodal était aboli, et ce n'est pas lui qui aurait prétendu à aucune prérogative; mais il en prit toutes les charges, et devint par amour et par bienfaits, par une continuité d'actes généreux et de services immenses, le tuteur, le maître et le père de toute cette population, sans qu'un seul jour il ait perdu de vue leur bien-être ou leur soulagement.

Ainsi, pendant qu'il doublait la valeur de cette belle terre de Casson, il donnait l'exemple de la culture, secouait l'inertie de cette population alors engourdie et insouciante; il procurait des travaux fructueux, défrichait de grands espaces, multipliait les fermes, où, par la bonne installation des demeures, par le perfectionnement des instruments et les facilités de tout genre qu'il se plaisait à accorder, il excitait une émulation salutaire.

Bientôt ces braves gens comprirent la valeur de ses conseils et acceptèrent l'influence de sa direction. Ils virent, ils sentirent dans le grand propriétaire si éclairé, si bienveillant, un appui sûr, un tuteur nécessaire, un père digne de leur vénération. Il devint l'âme de leur petite administration, dont il fit connaître les vrais intérêts, dont il accrut les moyens d'amélioration et les ressources. Il eut assez de dévouement pour user utilement et avec persévérance de cette influence. Il voulut former l'esprit de cette commune, les civiliser, les élever, les grandir. Casson devint un petit état, dont il fut le législateur et le fondateur par l'esprit qu'il y inspira, par les œuvres qu'il y créa. Cette entreprise a eu ses progrès : ce n'est même, je dois le dire, que dans ces vingt dernières années qu'elle a pris ses derniers développements. Mais il n'y eut pas de point d'arrêt et déjà les résultats étaient remarquables.

Dans cette œuvre, il eut pour aide puissant sa noble compagne, Marie-Pélagie de Chevigné. Car en 1805 (27 mars, 6 germinal an XIII), après six ans de veuvage, il se remaria, et sa digne femme, associée à tous ses généreux desseins, y coopérait pour sa part dans une large mesure. Elle s'était réservé le ministère de l'intelligente assistance des malheureux et le soulagement des souffrants. A l'exemple de ses vertueuses cousines, elle faisait bénir dans toutes les pauvres chaumières et sa bonté et la charité religieuse qui l'inspirait. Dépositaire de ses nombreux secrets, recettes excellentes, quoique non contre-signées de la Faculté, pour guérir une foule de maux d'aventure ou de maladies ordinaires, sorte de pharmacie simple et innocente, héréditaire dans certaines anciennes familles, Madame Urvoy était pour ces bons villageois une véritable Providence. Elle avait, elle aussi, sa vie remplie et une bonne part dans le bien fait à la paroisse, et certes, auprès de ces rudes, mais bonnes natures de nos campagnes, une nature élevée, délicate et bienfaisante n'est pas sans heureux résultats. Elles en sentent la valeur par la bonté, elles la comprennent avec le cœur; c'est comme l'aile d'un ange qui effleure un mortel.

Puisque j'ai parlé de cette femme, il faut que je dise dans quel sang elle avait puisé ses vertus. Aussi bien, j'en ai la certitude, on me pardonnera, tant elle est touchante, cette digression que je trouve dans les papiers de la famille et qui se rattache de si près à mon sujet.

Mlle Marie-Pélagie de Chevigné eut pour père M. le comte de Chevigné. Il avait pris rang dans l'armée vendéenne : simplement dévoué à son devoir, il n'avait voulu accepter aucun grade et servait comme volontaire. Sa femme, née Duchaffault, d'une piété élevée, d'un courage intrépide et d'une beauté remarquable, voulut partager avec son mari les chances de cette guerre d'héroïsme. Nulle part pour elle et sa famille elle ne voyait de sécurité. Dans les camps, près de son mari, elle n'avait à redouter qu'une mort glorieuse, et dans cette cause, qu'elle croyait sainte, elle enveloppait tous les siens comme un sublime holocauste ; car elle menait avec elle ses six enfants, cinq filles et un fils âgé de quatre mois.

Le sort des batailles trahit la valeur des Vendéens. Après le passage de la Loire, c'en était fait de leur cause, le dé-noûment était prévu, et la catastrophe du Mans en fut la démonstration éclatante. M. de Chevigné meurt dans le combat. Mme de Chevigné est prise et conduite avec ses enfants dans une des prisons du Mans. Ici se retrace l'un des plus sombres épisodes de ces temps douloureux. Les prisons trop étroites regorgeaient de ces pauvres Vendéens. Entassés dans ces affreux réduits, les maladies les font bientôt périr, et une sorte de contagion se répand dans ces demeures.

L'autorité s'en alarme, et, pour atténuer ce mal, on permit aux habitants du Mans de réclamer les enfants dont ils vou-draient se charger. Mlle Duchenet, sainte fille qui vivait retirée et étrangère aux orages du monde, vint visiter les prisons ; pauvre elle-même et dépourvue de toute ressource, elle ne croyait pas pouvoir se charger d'enfant à nourrir. Mais quand elle vit Mme de Chevigné mourante, cette belle jeune mère essayant vainement de réchauffer sur son sein un petit enfant, entourée de ses cinq filles dont quatre étaient déjà des cadavres, elle n'y tint plus : on ne résiste pas à de tels spectacles. Elle prend dans ses bras l'enfant à la mamelle, emmène la jeune fille, c'était Pélagie, qui avait neuf ans, et promet à la mère de ne pas les abandonner. Celle-ci d'une main défaillante passe au cou de sa fille une petite croix précieusement conservée dans la famille, les embrasse l'un et l'autre par un suprême effort, les bénit d'un regard qui s'élève au ciel, et meurt avant même que Mlle Duchenet fût sortie de la prison.

Par ses soins, une digne dame, Mme de Rouillon se charge du petit enfant, et l'élève comme son fils (¹). Peu après, un autre noble cœur, Mme D'Andigné, se charge de la jeune fille et la comble de ses soins affectueux, qui adoucirent ses malheurs. A cette école, elle put continuer les inspirations maternelles : rien n'était venu affaiblir les souvenirs sacrés d'une vie commencée sous de si solennels auspices. Le calme revenu, la mère adoptive rendit un trésor qui déjà lui était cher, et la jeune Pélagie achevait à Nantes son éducation et y épousait M. Urvoy.

Je reviens à ce dernier. M. Urvoy était loin de se renfermer dans le *far-niente* d'une noble existence, ou même dans l'activité intéressée d'un agrandissement de fortune. Sa vive intelligence et son bon cœur le portaient à embrasser le bien général. Il avait au plus haut point le coup d'œil de l'administrateur, des vues larges; il saisissait naturellement un vaste ensemble, et menait sagement, par le choix habile des moyens, ses projets à bonne fin. Dès 1808, il avait été amené à accepter l'administration officielle de sa commune : il en fut la bonne fortune, il la transforma. La paresse abolie, d'utiles travaux exécutés en défrichements, en chemins de vicinalité, de prévoyantes mesures prises pour le bien des faibles et le soulagement des malheureux, une population intelligente, forte, active, remplaçant une population misérable, et de cette pauvreté indolente qu'on ne peut relever qu'en la régénérant moralement : tels furent les fruits heureux de son administration. Pour lui, les fonctions de Maire

---

(1) Cet enfant est maintenant M. le comte de Chevigné. Il habite Reims, et a épousé une demoiselle Cliquot. C'est un esprit distingué, ami des arts, et auteur de quelques poésies.

étaient en réalité une charge de quasi-paternité, une dignité qui consacre un homme aux intérêts et au bien-être d'une commune : il en avait sans cesse les besoins sous les yeux, et leur rendait tous les services qui étaient en son pouvoir.

Ce n'était pas assez pour son amour du bien public. A Nantes encore il payait largement sa dette. Nommé conseiller municipal (19 avril 1826), il a siégé parmi nos édiles jusqu'en octobre 1831.

Sa haute position et ses lumières l'appelèrent également au Conseil général du département. Depuis 1816 jusqu'en 1833 il y tint honorablement sa place. Son expérience, la justesse et la modération remarquable de son esprit, la précision et le côté pratique de ses idées, lui assuraient une grande influence dans les graves délibérations de ce Conseil. Et pour juger de sa valeur à ce point de vue, et du puissant contingent qu'il donna à ces importantes assemblées, il suffit de rappeler qu'il fut constamment chargé du rapport du budget. C'est assez dire que toutes les questions majeures étaient de son ressort, et que du travail de ces sessions annuelles il prenait la plus lourde part.

Et néanmoins M. Urvoy était d'une modestie rare. Par goût et par défiance de lui-même, il se tenait volontiers à l'écart. Ennemi du faste, dégagé de toute ambition, juste et sévère appréciateur des choses, il n'était jamais ébloui par de vains dehors. Les fonctions publiques, celles surtout qui ont le plus d'éclat, l'éloignaient au lieu de l'attirer. Pendant bien des années, il se refusa aux instances de ses amis qui le pressaient d'accepter la députation. Ce ne fut qu'en 1827 qu'il se rendit à leurs désirs et au vœu de ses concitoyens exprimé par l'unanimité de leurs suffrages. Il fit partie de nos diverses législatures depuis cette époque jusqu'en 1831.

A la Chambre et dans toute sa vie politique, M. Urvoy porta toute la dignité et l'indépendance de son caractère.

Il était du nombre de ces membres qui se rendent plus utiles par l'action que par la parole. La nature de ses études et de son talent n'en eût point fait un orateur de tribune. Mais peu de personnes discutaient mieux une affaire, en saisissaient mieux le nœud précis et la solution pratique, et par conséquent peu de personnes apportaient plus de lumières et de concours utile dans les Comités et dans les Commissions où se font, en définitive, les affaires des localités, où se préparent et s'élaborent souvent les grandes affaires du pays. Aussi M. Urvoy s'était acquis à un haut degré la considération et la confiance de ses collègues. Il eut dans sa carrière législative les plus honorables amitiés : les Châteaubriand, les Martignac, les Hyde de Neuville, savaient l'apprécier à sa valeur.

Ce qui le distinguait spécialement, c'était une indépendante et ferme modération. De tout temps et en toute chose, cet homme crut à la puissance de ce sentiment, en dehors duquel il ne voyait que des exagérations dangereuses. Chez lui le cœur était bouillant, les passions eussent été vives; mais l'esprit était calme, trop juste et trop étendu pour se laisser emporter. Malgré ses affections, ses traditions et ses principes politiques, malgré les séductions et les entraînements ardents d'amis bien chers, malgré les appréciations critiques parfois et malveillantes, il sut se maintenir dans ce sage milieu, et ne s'en départit jamais. Royaliste sincère et dévoué, il n'approuvait pas la marche, à son sens trop peu mesurée, trop peu conciliante, du Gouvernement. Là où une fraction de son parti ne voyait encore que des actes timides et des compromis avec l'Opposition, il découvrait un système trop absolu, trop violent, qui compromettait la paix et, plus tard, l'existence même de la Constitution et la sécurité de la France. Il prophétisait alors des malheurs auxquels on ne voulait pas croire; on lui reprochait sa tiédeur, et peut-être sa timidité.

Triste et nécessaire destinée de ces hommes froids et tempérés, dans ces époques de luttes ardentes. Il faut la grande leçon de l'irrémédiable expérience pour donner raison à leur modération et à leur sagesse.

Parmi les amis de M. Urvoy dans ces jours d'orage et de dangers, se trouvait, nous l'avons nommé, M. de Martignac. C'étaient mêmes vues, même désir du bien, de sauver la monarchie en préservant la France de terribles soubresauts, même frayeur d'un va-tout joué imprudemment avec des adversaires si faciles à s'enflammer. La nature délicate et élevée de M. de Martignac, son caractère conciliant, sa grande loyauté, — qualités que personne ne lui conteste — allaient très-bien à M. Urvoy, et M. de Martignac trouvait en celui-ci une sympathique ressemblance avec ses propres qualités.

Hélas! leurs prévisions se perdirent dans le tumulte des partis, elles se brisèrent contre des résistances et des obstinations arrêtées. M. de Martignac y usa sa constitution délicate et ardente. On peut dire qu'il mourut à la peine (¹). M. Urvoy vit avec douleur les fautes de la monarchie qui lui était chère : il en respecta les malheurs. Mais s'il fut pur

---

(1) On sait par quelle générosité et quelle abnégation, il accepta de défendre, lors du fameux procès des Ministres, le prince de Polignac, son successeur, dont il avait si vivement combattu les idées. Ce travail et cette lutte achevèrent de hâter sa mort.

de ces actes, il n'en demeura pas moins attaché à ces Bourbons qui, pendant tant de siècles, avaient gouverné la France et glorifié notre passé.

De l'homme politique, passons à l'ami des arts, au protecteur éclairé et généreux des artistes.

M. Urvoy avait le goût naturel et la juste appréciation des arts : ce qui tenait sans doute à l'amour vrai du beau dans sa simplicité, à une grande droiture de sens, à un tact particulier et délicat auxquels n'échappent ni les beautés, ni les défauts des choses. Ces intelligences-artistes possèdent comme mesure et règle un idéal plus parfaitement accusé, plus fortement senti. C'est une faculté à part, c'est un don souvent refusé même à des natures éminentes. Chez elles, le coup d'œil est sûr, le sentiment juste et vrai; elles jugent d'instinct, et si l'expérience et la réflexion viennent perfectionner cette faculté native, elles tracent les règles et formulent le code du goût et la législation des beaux-arts.

M. Urvoy était de ces natures privilégiées. Jamais il n'avait manié le crayon ni le pinceau; mais il avait beaucoup vu et beaucoup réfléchi, et il savait voir et observer. Il avait bien appris dans le grand livre de la nature : il y lisait des beautés de forme, des perfections de détail, des nuances, des teintes qui échappent aux regards profanes. Puis les Musées lui avaient servi d'écoles. Dans le commerce habituel avec les chefs-d'œuvre, il s'était tellement accoutumé au beau, qu'il ne pouvait souffrir le médiocre. Ses séjours prolongés à Paris, et ses conversations fréquentes avec les maîtres de l'époque, avaient achevé son éducation sous ce rapport.

Depuis longtemps d'ailleurs M. Urvoy avait fait des pertes douloureuses qui l'isolaient dans le monde. Les deux enfants de son premier mariage, et sa seconde femme, si digne de tout son attachement, n'étaient plus. A Paris, où il passait une notable partie de l'année, il voyait peu la société, mais il hantait les Musées et les maîtres.

Le ciel, pour le consoler, lui avait donné de Mlle de Chevigné une fille parfaite, être dévoué, s'il en fut, ange de piété filiale et de tendre affection, qui s'attachait à tous ses pas et partageait, autant qu'elle le pouvait, ses études et ses goûts. Par piété filiale, elle s'était familiarisée avec les littératures anglaise et italienne ; elle lisait et expliquait à son père, Pope et Shakspeare, Dante et le Tasse : par piété filiale, elle s'était adonnée à la peinture et y réussissait [1].

Ensemble dans leur appartement de la rue de l'Arcade, ils se plaisaient à réunir quelques artistes de mérite, Mlle Sarrasin de Belmont, par exemple, femme distinguée d'esprit et de sentiment, qui excellait dans le paysage, et dirigeait les travaux de Mlle Urvoy. Gros, Brascassat, Ary Scheffer, selon les époques et les circonstances, avaient été également appelés dans cette intimité. Souvent on voyait le père et la fille prendre la route des Musées, et ils y passaient de longues heures, de ces heures que trouvent toujours courtes les amis des arts.

M. Urvoy, qui n'aimait ni le faste, ni les vaines dépenses, était grand et généreux quand il s'agissait des artistes et de leurs œuvres : il regardait comme le privilége d'une belle fortune d'encourager les vrais talents. Aussi avait-il une

---

[1] Que la femme dont je me permets de dire ainsi ce que je pense, veuille bien ne pas s'en offenser. Ce n'est pas pour la louer, mais par amour de la vérité, et parce que mon sujet le demande que je mets ici et un peu plus loin de tels détails.

collection précieuse dont les tableaux, presque tous de valeur, avaient coûté des sommes élevées. Je lis dans une notice sur cette collection ([1]), en parlant d'un portrait par Rembrandt, et d'une autre toile de Wouvermans : « Il est à ma connaissance que M. Urvoy a payé ces deux toiles 35,000 fr. ([2]). »

Il avait le tact de deviner les talents, et il n'attendait pas, comme une multitude d'amateurs, que le jugement public eût fixé la réputation des artistes, pour les estimer à leur prix. Nous pouvons particulièrement citer Brascassat, ce vigoureux peintre d'animanx, à qui il donna, dès le commencement, les éloges qu'il méritait, et dont il acheta les premières et les plus belles toiles, alors que les expositions, les médailles et les honneurs n'avaient pas encore placé aussi haut cet artiste remarquable.

De retour à Nantes et à Casson, il goûtait du bonheur dans la possession de ses belles peintures, de ses marbres et de ses statues. Il y trouvait une vive et pure jouissance, qui ne peut être connue que des initiés. Les profanes voient une fois et à la hâte la plus belle toile, un chef-d'œuvre de sculpture, et n'y pensent plus. L'ami des arts y revient tous les jours, et tous les jours il y trouve un nouveau plaisir.

Une belle galerie collectionnée par celui qui la possède, c'est une propriété sans prix, où tout parle, rappelle des souvenirs et donne de douces joies.

([1]) *Notice historique sur le Musée de peinture de Nantes,* par Henri de St-Georges. — Nantes, Guéraud, 1858, in-12, XII-252 p.

([2]) On sait que ces œuvres de maîtres, achetées il y a plus de vingt ans, ont encore plus de valeur aujourd'hui et qu'elles représentent dans notre Musée un prix bien plus élevé.

Aussi, dans son château de Casson, qu'il affectionnait plus que le séjour de la bruyante capitale, dans cette noble et belle retraite où il aimait à vivre en paix, il avait imprimé partout ce cachet des arts.

C'est, je crois, de tout notre département, en exceptant peut-être Clisson, la propriété qui respire le plus un air de grandeur, où la main habile d'un véritable artiste se fait le mieux sentir, et dans ces vastes enclos, dans ces immenses pelouses que domine une colonne antique, surmontée d'une antique statue, et dans ces allées ombreuses, peuplées de vieux dieux dans le goût profane de nos devanciers, et dans ces marbres et ces surprises placés dans les grands vestibules, partout enfin, dans une distribution large et habile pour ouvrir des horizons, dissimuler des clôtures, agrandir les terrains par d'heureux contours.

C'est là que cet homme de bien, chargé d'ans et de bons services, vivait ses plus heureux jours. Je me le représente tel que je le vis souvent, calme comme un sage, heureux comme un vrai chrétien, discourant avec sérénité sur les hommes et les événements.

Mais c'était à Nantes, dans l'hôtel qu'il avait construit, qu'il avait placé ses principaux chefs-d'œuvre de nos grands maîtres modernes. Cette galerie a été maintes fois admirée par les amateurs, et les voyageurs les plus distingués étaient jaloux d'y être admis. Le maître avait habilement disposé ses salons pour recevoir une décoration aussi brillante. Dans cet hôtel élégant et somptueux, tout était d'accord, et certes il devait se complaire — il en avait le droit — dans cette harmonieuse et splendide demeure.

Cependant, cette belle collection n'est plus dans cet hôtel. Elle en a été enlevée, et à l'heure qu'il est elle fait le plus bel ornement de notre riche Musée. Comment s'est fait ce changement? C'est ce que je dois maintenant raconter, en abordant le côté charitable et incontestablement le plus méritoire de la vie de M. Urvoy.

Cette collection, qu'il avait formée peu à peu, avec tant de soins, par tant de sacrifices, avec un choix si intelligent, dont mieux que personne il sentait la valeur, qui lui rappelait ses meilleurs jours, ses heureuses relations avec les artistes éminents ; cette collection qui, en ornant sa demeure, lui faisait tant d'honneur auprès de tous, il s'en est détaché. Il n'attend pas la séparation nécessaire de la mort pour s'en dépouiller : il voulut en doter sa ville, pour laquelle il eut toujours un sincère dévouement. Je ne dis pas que la pensée secrète d'assurer une durée et une conservation plus certaine à ces chefs-d'œuvre, d'en rendre impossible la dispersion, de les donner à un public qui fournirait constamment des visiteurs capables de les apprécier, n'ait été pour quelque chose dans sa détermination. Mais la pensée inspiratrice et dominante, qui imprime à cet acte sa valeur, a été d'en enrichir le Musée de la cité. Et nos registres administratifs, nos annales communales, sont là pour conserver la mémoire et de l'offre simple et noble de ce magnifique don, et des beaux rapports, ainsi que des délibérations à l'unanimité, touchante expression de la reconnaissance de nos premières autorités et de notre Conseil municipal ([1]).

Cependant, M. Urvoy voulut en même temps en faire une grande œuvre charitable. Il aimait beaucoup les arts ; mais,

---

([1]) Tout ce que je puis dire à ce sujet peut paraître superflu et très-imparfait après la notice si complète et si remarquable sur notre Musée de peinture, par M. Henri de St-Georges, pages 169 et suivantes.

chrétien fervent, il aimait encore plus les pauvres. Plus il avançait en âge, plus il multipliait ces actes de généreuse bienfaisance, et enrichissait sa vieillesse, comme un arbre toujours fertile, de ses fruits méritoires. Il voulut que cette donation profitât aux malheureux et spécialement aux vieillards sans ressources.

En offrant son Musée, il demanda donc à la ville de leur construire un asile. « Il est certain, écrivait-il au Maire de « Nantes, qu'il faudra tôt ou tard de nouvelles construc- « tions à l'hospice Saint-Jacques pour recevoir le nombre « toujours croissant des vieillards qui ont droit à l'assistance « publique. En créant l'établissement que je propose, l'Ad- « ministration pourvoit à ce besoin, sans grever son budget « pour les dépenses annuelles qu'occasionnera le nombre « des vieillards qui y seront admis; elle accroît l'importance « de son Musée, et, en définitive, elle dote la ville de nou- « veaux tableaux et d'un asile de bienfaisance. » (12 juin 1854.)

Les filles admirables de Jeanne Jugan, les *Petites Sœurs des pauvres,* furent par lui proposées et acceptées par l'Administration pour la direction de cet asile. Mais il ne faut pas croire qu'il laissa à la ville toutes les charges de la construction de cet hospice. Non content du don de ses tableaux, d'un prix difficile à évaluer, il compléta son œuvre. Il y ajouta 25,500 fr. (qu'on me permette ces chiffres) pour prix de première acquisition du terrain, 9,000 fr. plus tard, pour un accroissement jugé utile, et 34,800 fr. encore pour diverses adjonctions et dépenses; ensemble, 69,300 fr. De telle sorte que, par ses libéralités, l'asile Sainte-Anne — car il ne voulut pas que son nom figurât dans cette ma- gnifique donation, et il désirait même qu'il ne fût pas attaché à la salle du Musée qui contient ses tableaux — est devenu une des belles créations charitables de notre ville, dont les formes architecturales et l'apparence extérieure, ainsi que les dispositions et détails intérieurs, font un grand honneur à l'architecte habile qui les a exécutés, et à M. Urvoy qui n'y fut pas étranger. Mais elle fait surtout l'éloge de ce cœur généreux, pour qui la bienfaisance était une sainte passion.

Bien souvent, en cédant à cette passion, il suivait en même temps son amour pour les beaux-arts, et la piété dont il était profondément pénétré y trouvait son compte. Ainsi, dans les églises, il aimait les vitraux, tableaux étincelants, peinture spéciale et tout appropriée à nos monuments chrétiens. Par suite, de nombreuses verrières ont été le résultat de ses libéralités. Il en a enrichi le chœur de la chapelle de l'Immaculée-Conception, la nouvelle église de Saint-Clément, les deux monuments religieux qu'il a érigés à Casson, et si Saint-Nicolas ne présente pas encore sa page brillante, elle n'en aura pas moins sa part réservée. Les sept grandes fenêtres qui surmontent l'abside de son beau sanctuaire auront bientôt leurs peintures diaphanes, et la moitié de ce grand travail sera le don personnel et spontané de M. Urvoy. Lui-même avait conçu l'idée de cette ornementation de notre église, et traité longuement des sujets à représenter avec le jeune peintre verrier qu'il a patronné dès ses débuts, encouragé et soutenu par les œuvres qu'il lui a fait exécuter.

Chose remarquable, c'était pendant les derniers mois de sa vie, lorsque déjà la maladie qui nous l'a enlevé exerçait ses douloureux ravages, qu'avec la plus parfaite lucidité et le goût le plus sûr il s'occupait de ces objets d'art, et il nous étonnait par ses connaissances techniques et les principes esthétiques sur lesquels il basait ses observations et ses conseils.

Dire ce qu'il accomplit d'œuvres de bienfaisance en tout genre, serait impossible. « Pour ses actes de charité, m'écrit une main sûre et discrète, vous en trouverez partout la trace. Son bureau est plein de lettres de remercîments. C'est un jeune homme à qui il *prête* quelques mille francs pour achever de conquérir une carrière; ce sont, de tous côtés, des enfants élevés, des familles secourues, des œuvres protégées. »

Mais, en général, M. Urvoy donnait peu en détail; il n'entrait pas dans ses vues d'éparpiller ses dons. C'étaient des Œuvres, c'est-à-dire de grandes et durables choses qu'il aimait à faire et à fonder. Il avait, si j'ose ainsi m'exprimer, non-seulement l'intelligence, mais la philosophie de la charité.

J'omets à dessein d'insister sur plusieurs libéralités importantes. Nort, Sucé, la Chevalleraie, se sont ressentis du voisinage de cet homme généreux. Deux de ces communes lui doivent, je crois, en entier, le clocher de leur église. Saint-Gildas, situé à l'extrémité du diocèse, précieuse pépinière d'institutrices et de sœurs de charité pour nos campagnes, s'est aperçu qu'il était tout près de lui par le bien opéré sous ses yeux et au moyen de ses modestes *sœurs,* dans la maison d'école qu'il avait fondée.

Mais c'est à Casson que se déploie, dans la perfection et dans tout son complet, l'esprit charitable et éminent qui l'anime. Il faut qu'on me permette d'y revenir et d'en achever le tableau. C'est le problème résolu pendant cinquante ans de l'assistance publique et générale. C'est le pieux monopole, par un seul homme, de la bienfaisance au profit de tous, une prévoyance active et généreuse comme la Providence.

Tous les établissements que comporte une petite commune ; tous les monuments sur lesquels repose la vie paroissiale et communale, l'église, le presbytère, la mairie, l'école, le bureau de bienfaisance, il les a créés, institués, fondés. C'est M. Urvoy qui a édifié seul l'église dans son entier, et, au bout de quelques années, voulant lui donner plus de lustre, et, comme il le disait avec raison, attirer, captiver ces simples villageois par les fêtes et les solennités religieuses, il construisit de nouveau le chœur, et il le fit si beau, si orné, si richement décoré de vitraux et de peintures, que ses chers habitants s'y rendaient avec plaisir, et les populations environnantes y accouraient avec empressement ; et, afin qu'on déployât à leurs yeux toutes les pompes du culte, il dota cette église de vases sacrés, d'ornements sacerdotaux, de riches bannières, de belles croix d'or, de vêtements pour les enfants de chœur, à l'instar d'une cathédrale. Rien n'était trop beau, au jugement de sa piété et selon son cœur, pour son église de prédilection et pour ses braves villageois. Et, s'il eût encore vécu quelques années, il eût abattu et reconstruit de nouveau le corps de l'église qu'il ne trouvait plus assez beau, pour le mettre en rapport avec la magnificence de son sanctuaire.

Aussi, aux grands jours de la paroisse, qu'il faisait beau voir la population en habits de fête accourir tout entière, les jeunes filles avec leurs vêtements blancs et leurs blanches oriflammes, bannière en tête et précédées de la croix d'or, s'étendant en longues files le long des chemins, entrant dans l'enceinte du château comme dans une maison qui appartenait à tous, serpentant à travers les prairies et les allées des grands bois, et venant faire une pieuse station à cette charmante chapelle de Sainte-Anne, toute belle de fraîches peintures, d'élégantes mosaïques, de riches boiseries et de brillants vitraux. Tout le monde était heureux; mais le plus heureux, c'était M. Urvoy, le créateur et le témoin de tout ce bonheur.

Ces enfants du village, si bien élevés et si sages, c'était lui qui, par la création d'une école, les avait faits ainsi. Bienfaiteur attentionné et sensible, il allait souvent s'informer de leurs progrès, et il jouissait lorsque, par son éloquence paternelle, il avait ému ces enfants, et provoqué de douces larmes auxquelles se mêlaient toujours celles de sa propre émotion.

Depuis un demi-siècle, et rien ne parle comme cette persévérance, il ne permettait pas qu'il y eût dans toute la commune un homme ou une femme valide sans ouvrage, et un invalide sans soulagement. A cet effet, il exécutait, il inventait des travaux, il proportionnait la tâche aux forces de chacun; et la vieille femme, dans sa chaumière, ou le vieillard débile, trouvaient, grâce à lui, une occupation facile et une rémunération honorable de leur travail. Quant à la souffrance et à la douleur, des soins délicats leur étaient prodigués, et ils duraient autant que ces souffrances ou ces besoins, sans qu'un reproche ou un refroidissement fissent sentir leur longue durée.

Depuis bien des années, je veux dire depuis son enfance, la fille de M. Urvoy (1) a continué, dans cette heureuse commune, les œuvres et les vertus de sa vertueuse mère. Comme

---

(1) Mlle Pélagie Urvoy de Saint-Bedan a épousé M. le comte Fernand de Bouillé. M. de Bouillé est un noble cœur, aussi distingué par le charme de son commerce et l'amabilité de son caractère, que par la générosité de ses sentiments, et, je le sais, sous les nouveaux maîtres, rien ne sera changé aux traditions paternelles et charitables du château de Casson.

elle, elle connaît toutes les pauvres demeures, elle y porte
avec joie le secours et la consolation. Et, chose plus rare,
son frère l'égalait, la surpassait peut-être dans la pratique
de cet actif dévouement. Mais je me tais sur le compte de cet
homme peu connu, si ce n'est des pauvres, et que le monde
ne connaîtra jamais. Dominant par des pensées religieuses,
supérieures aux idées habituelles de ce siècle, les intérêts
matériels et les attraits d'une magnifique position, il vient
de renoncer à tous ses droits sur ce monde, afin de se dé-
vouer, pauvre lui-même, à l'humble service des pauvres.
Ces sublimes dévouements, si nous ne savons les admirer, ne
les jugeons pas; ils sont placés dans une sphère où il n'est
pas aisé d'atteindre : attendons le jugement de Dieu.

Quant à M. Urvoy, pour apprécier tout le bien qu'il a fait
à sa commune, il faudrait peser la force de cette universelle
influence, le respect qu'il commandait, l'affection qu'il
inspirait, tout le bien dont ses sentiments étaient la source,
et ajouter même tout le mal auquel sa présence ou sa seule
pensée faisaient obstacle. Pendant sa longue, et pourtant
trop courte existence, tout s'est fait sous son inspiration. Il
a tenu, comme dans sa main, les cœurs de tous ces braves
gens, comme il en tenait les intérêts. Et, en résumé, il peut
être proposé comme le modèle du grand propriétaire et du
citoyen utile.

J'achève, d'un mot que je serais coupable d'omettre; je
dois, en effet, faire connaître le trait distinctif de sa vie, et
indiquer le grand ressort, le vrai mobile des actions de cet
homme de bien, je veux dire la foi religieuse. Longtemps
il avait vécu dans l'indifférence; il s'était même laissé en-
traîner, par ces principes philosophiques si fort en vogue
aux jours de sa jeunesse. Mais, depuis bien des années, la

lumière avait lui dans cette intelligence saine, dans ce cœur droit et sensible. D'ailleurs il avait été fortement frappé, et le malheur, on le sait, est souvent l'école de la foi religieuse.

Me blâmera-t-on de commettre l'indiscrétion de transcrire ici quelques lignes assez confidentielles, dont la grâce et la simplicité, à défaut d'autre indication, trahiraient la provenance :

« Pauvre père, il vit en peu d'années disparaître une femme qu'il aimait tendrement, une fille qui réunissait les plus hautes qualités de l'esprit et du cœur, à une grâce et un charme rare. Il la vit mourir comme une sainte à l'âge de vingt-deux ans. D'autres coups cruels vinrent encore le frapper, et mon père, isolé dans sa douleur, refusant toute ombre de consolation, se mit à étudier cette religion sublime, qui ne peut manquer de montrer la vérité dans tout son éclat à tout esprit qui la cherche avec droiture.... Alors commence toute une vie de vertus, de charité, de dévouement, qui ne s'est pas démentie un seul jour.

« Sa santé s'altère, des souffrances continuelles semblent devoir l'accabler; mais son esprit est le même, l'énergie ne l'abandonne pas. »

Honoré de l'amitié de cet homme de bien, témoin de ses actes et confident de quelques-unes de ses pensées, je rends témoignage à la vérité et à la vertu. Cet homme n'avait qu'un but, de bien faire; et jusqu'à la fin, aussi fort et solide de raison et de volonté qu'au milieu de sa course, il continuait avec calme ses projets et ses saintes entreprises, jetant les germes nombreux d'œuvres grandes et fécondes, destinées à lui survivre, sans autre ambition que de poursuivre le bien, non la renommée, la vertu et non le bruit, sans autre désir que de plaire à Celui qui lui avait tout donné et qui récompense, alors que les hommes ne peuvent plus accorder que des éloges et une reconnaissance stériles.

Je l'ai vu aux prises avec les plus terribles douleurs, qui durèrent plusieurs mois. Il avait ce courage qui supporte la souffrance avec énergie. Pas une fois il ne se plaignit de trop souffrir, pas un jour il n'eut le murmure sur les lèvres, et, au milieu de sa famille éplorée, de ses serviteurs qui l'aimaient et le servaient comme un père, il trouvait lui-même des paroles de consolation, de merveilleuses expressions de piété, de hautes pensées, et ces traits sublimes, comme la religion en inspire, de résignation et d'immortelle espérance.

Aussi l'appartement où il expira le 8 septembre 1858, est resté pour la famille un lieu sacré. Deux signes religieux, qui le décoraient déjà, en ont fait comme un sanctuaire. C'est là que, matin et soir (pieux spectacle), les enfants et les serviteurs se réunissent pour la prière.

Il s'exhale de cet oratoire un touchant souvenir, un parfum religieux, qui rappellent le chef regretté et semblent perpétuer, avec sa mémoire et la reconnaissance, l'influence de ses vertus.

Il est beau d'avoir vécu de la sorte. La fortune, une haute position, des fonctions élevées, la gloire même, sont peu de chose auprès d'une telle existence. Il y a dans le bien largement pratiqué, dans une vertu aussi féconde et aussi soutenue, une puissance devant laquelle l'âme humaine s'incline avec un respect et une joie sainte qui honorent l'un et l'autre.

Novembre 1858.

Nantes, Imprimerie And GUÉRAUD et Cie, rue Basse-du-Château, 6.